Gestión Del Tiempo

10 Pasos Sencillos Para Incrementar Su Productividad

(Algunos Mitos Importantes Que Frenan A Las Personas)

Gamaliel Ornelas

Publicado Por Daniel Heath

© **Gamaliel Ornelas**

Todos los derechos reservados

Gestión Del Tiempo: 10 Pasos Sencillos Para Incrementar Su Productividad (Algunos Mitos Importantes Que Frenan A Las Personas)

ISBN 978-1-989853-97-9

Este documento está orientado a proporcionar información exacta y confiable con respecto al tema y asunto que trata. La publicación se vende con la idea de que el editor no esté obligado a prestar contabilidad, permitida oficialmente, u otros servicios cualificados. Si se necesita asesoramiento, legal o profesional, debería solicitar a una persona con experiencia en la profesión.

Desde una Declaración de Principios aceptada y aprobada tanto por un comité de la American Bar Association (el Colegio de Abogados de Estados Unidos) como por un comité de editores y asociaciones.

No se permite la reproducción, duplicado o transmisión de cualquier parte de este documento en cualquier medio electrónico o formato impreso. Se prohíbe de forma estricta la grabación de esta publicación así como tampoco se permite cualquier almacenamiento de este documento sin permiso escrito del editor. Todos los derechos reservados.

Se establece que la información que contiene este documento es veraz y coherente, ya que cualquier responsabilidad, en términos de falta de atención o de otro tipo, por el uso o abuso de cualquier política, proceso o dirección contenida en este documento será responsabilidad exclusiva y absoluta del lector receptor. Bajo ninguna circunstancia se hará responsable o culpable de forma legal al editor por cualquier reparación, daños o pérdida monetaria debido a la información aquí contenida, ya sea de forma directa o indirectamente.

Los respectivos autores son propietarios de todos los derechos de autor que no están en posesión del editor.

La información aquí contenida se ofrece únicamente con fines informativos y, como tal, es universal. La presentación de la información se realiza sin contrato ni ningún tipo de garantía.

Las marcas registradas utilizadas son sin ningún tipo de consentimiento y la publicación de la marca registrada es sin el permiso o respaldo del propietario de esta. Todas las marcas registradas y demás marcas incluidas en este libro son solo para fines de aclaración y son propiedad de los mismos propietarios, no están afiliadas a este documento.

TABLE OF CONTENTS

Parte 1 1

Introgducción 2

Administración del tiempo 101 5

Especificidad (Specificity) 8

Conclusión 41

Parte 2 42

Introducción 43

Capítulo 1: Las Maravillas del Manejo del Tiempo 47

Capítulo 2: Establezca Sus Metas 52

Capítulo 3: Abandonar La Procrastinación 57

Capítulo 4: Planifique Su Semana 64

Capítulo 5: Crear una Sólida Rutina Matutina ... 74

Capítulo 6: 100 Consejos Para La Administración Del Tiempo 78

Conclusión 91

Parte 1

Introgducción

Quiero agradecerte y felicitarte por descargar el libro.

¿Eres consciente de que el postergar las cosas y las interrupciones son las principales causas de pérdida de tiempo y de la falta de productividad? te sorprenderá saber que el 20% de los estadounidenses son postergadores crónicos. Además, la persona promedio tiene una interrupción cada 8 minutos, lo que se traduce en alrededor de 7 por hora o 50-60 por día con una interrupción promedio que dura alrededor de 5 minutos, lo que suma un total de 4 horas de interrupciones diarias. ¿Puedes imaginarte cuánto tiempo extra tendrías en tu mano para hacer las cosas si simplemente fueras capaz de manejar la postergación y las interrupciones?

Este libro contiene pasos y estrategias comprobadas sobre cómo maximizar y ser más productivo en su vida. Este libro está destinado a ayudar a cualquier persona que desee lograr más de sus tareas por el mismo tiempo o menos.

En este libro, aprenderás prácticas de calidad para ayudarte a manejar la postergación, lidiar con la distracción, priorizar tareas, programar tiempos, aumentar el rendimiento en el trabajo y más.

Gracias una vez más por descargar este libro, ¡Y puedes beneficiarte con un mayor rendimiento!

El tiempo es dinero. Desafortunadamente, muy pocos de nosotros entendemos la magnitud de esta frase. Aún más desafortunado es que a medida que los niños crecen, la importancia del tiempo y la forma en que lo utilizamos no es algo que muchos padres enseñen a sus hijos

De hecho, como niños, el paso del tiempo no es algo a lo que prestamos mucha atención; En nuestra prisa por ser 'adultos', anhelamos que los días pasen más rápido, que los días festivos y los cumpleaños se acerquen más rápido para poder obtener los regalos que traen y participar en sus festividades.

Desafortunadamente, para la mayoría de nosotros, a medida que nos convertimos en adultos, el concepto de tiempo y su naturaleza fugaz cae sobre un lecho de ortigas espinosas que lo apuñalan y ahogan hasta la muerte. Como los niños, incluso en la edad adulta, anhelamos que los días pasen más rápido; empujamos la tarea hacia el "mañana" y, como los niños, postergamos y dejamos que la distracción nos impida ser productivos mientras nos dedicamos a nuestros negocios o estudios. Sin embargo, **ESTO NO DEBERÍA SER ASÍ.**

Como toda persona exitosa te dirá, el éxito es, en esencia, una cosa: ***tu habilidad para manejarte a ti mismo (autodisciplina) y tu tiempo (manejo del tiempo).*** Si consigues controlar tus impulsos, es decir, consigues hacer lo que debes hacer cuando debes hacerlo sin dar excusas ni postergarlo (trasladar una tarea o tarea a la siguiente hora, día, semana o mes), automáticamente te conviertes en un mejor administrador del tiempo. Cuando te conviertes en un mejor administrador del tiempo, automáticamente te vuelves productivo; esto a su vez te hace más feliz y exitoso.

¿Ser productivo, más feliz y exitoso suena como algo que te gustaría recibir en tu vida? Si es así, pasemos a nuestro primer capítulo sobre los fundamentos de la gestión del tiempo.

Administración del tiempo 101

¡Tienes suficiente tiempo!

Para la mayoría, la queja común es una "falta" de tiempo en el día; sin embargo, el hecho es que 24 horas es más que suficiente tiempo para completar las tareas más importantes; sin embargo, completar estas tareas exige priorizar sus tareas/labores, equilibrar sus actividades, y administrar su tiempo

Si realmente quieres hacerlo, lo cual es cierto, ya que estás leyendo esto, lo harás, tu día tiene tiempo suficiente para realizar tareas y quehaceres importantes, así como tiempo suficiente para la familia y las personas que valoras.

Desafortunadamente (bueno, dependiendo de cómo lo veas), el manejo efectivo del tiempo no ocurre por arte de magia; nadie tiene, al nacer, la habilidad especial de manejar mejor el tiempo. La gestión del tiempo es una habilidad que hay que aprender y dominar. Debes dominarlo.

Convertirse en un administrador de tiempo efectivo requiere tiempo, compromiso y esfuerzo. Lo bueno de esto es que cuando te conviertes en un mejor administrador del tiempo, te vuelves más productivo, exitoso y feliz en la vida porque cuando puedes manejar tu tiempo y lo que haces con él, tienes más tiempo para trabajar en tus metas y alcanzarlas, así como más tiempo para pasar con aquellos que valoras.

Comprendiendo la Gestión Efectiva del Tiempo

Primero, debes entender que es imposible controlar el tiempo. Sí, no puedes controlar el tiempo porque tu día tiene 24 horas. Este es un hecho inmutable e inalterable.

Aunque no puedes controlar el tiempo,

puedes controlar el uso del tiempo adquiriendo habilidades y técnicas básicas que te ayudarán a hacer un uso sensato del tiempo que tienes disponible diariamente. Para hacer esto, lo primero que tienes que hacer es saber quién eres y hacia dónde vas. Para ello, hazte las siguientes preguntas:

1. "¿Por qué necesito convertirme en un mejor administrador del tiempo?"

2. "¿Cuáles son mis prioridades de gestión del tiempo?"

3. "¿A qué hora del día soy más enérgico y productivo?"

4. ¿Cuáles son mis metas y ambiciones y qué pasos, tareas y actividades necesito realizar o completar para lograr estas metas y hacer realidad mi objetivo?".

Descubrir estos factores cruciales hará que tu viaje hacia una mejor gestión del tiempo sea más fácil y te motivará a convertirte en lo que deseas: ser un mejor gestor del tiempo. Como dijo Friedrich Nietzsche: "Aquel que tiene un porqué para vivir se puede enfrentar a todos los "cómos". Cuando tienes un porqué fuerte, estarás dispuesto a hacer todo lo posible para lograr tu deseo.

Después de determinar tu porqué y asegurarte de que sea sólido, el siguiente paso es planificar tu tiempo y tus tareas en torno al tiempo que tienes y lo que deseas lograr. Para hacer eso, primero necesitas determinar tu objetivo. Para hacer eso, necesitas crear metas y no solo metas; crear objetivos que realmente te harán querer hacer las cosas dentro de los límites de tiempo establecidos.

Paso 1: Establezca metas

Un factor crucial que te ayuda a convertirte en un mejor administrador del tiempo es tener metas y ambiciones claras. Usted debe establecer metas claras, alcanzables y viables; si no lo hace, se estará preparando para el fracaso.

Sus objetivos deben ser SMART (Inglés). Los objetivos inteligentes tienen los siguientes parámetros:

Especificidad (Specificity)

Usted debe ser capaz de describir sus

metas tan claramente como sea posible. No diga: "Quiero ser multimillonario en los próximos cinco años", sino que diga: "Quiero ganar/ahorrar X cantidad de dólares cada mes durante los próximos diez años para convertirme en multimillonario en diez años".

Para establecer objetivos específicos, hágase las siguientes preguntas:

1. ¿Qué es exactamente lo que quiero lograr?

2. ¿Dónde, cuándo y cómo lo lograré?

3. ¿Qué ayuda necesito para lograrlo o qué necesito?

4. ¿Cuáles son las condiciones y limitaciones para alcanzar estos objetivos?

5. ¿Existen alternativas viables si no puedo alcanzar una meta específica?

Medible(Measurable)

Usted debe ser capaz de identificar cuándo alcanza su meta; para hacer esto, necesita dividir las metas a largo plazo en elementos medibles. También debe ser capaz de medir sus resultados, especialmente en porcentajes. Por ejemplo, usted debe ser capaz de saber cuándo ha completado/logrado el 20%, 50% o 100% de sus metas. De esta manera, sería más fácil lograr sus objetivos.

Alcanzable(Achievable)

Usted debe conocer todos los recursos que necesitaría para alcanzar estas metas y determinar si es fácil obtener estos recursos. Esta es la diferencia entre desear y fijar metas. Sus metas deben ser razonables y alcanzables; de lo contrario, terminaría frustrado.

Realista(Realistic)

No se contente con fijar metas porque eso es lo que otros están haciendo. No se ponga metas porque quiera complacer a otras personas. Fíjese metas que lo hagan feliz y que lo satisfagan. Deja que sus metas sean sobre ti y sobre nadie más.

Oportuno(Timely)

Establezca plazos para sus metas porque los plazos lo estimulan a actuar. Cuando usted siente que tiene suficiente tiempo, es menos probable que tome acción; sin embargo, cuando usted sabe que no tiene suficiente tiempo, o que tiene tiempo limitado para hacer o lograr algo, usted estará mucho más inspirado para tomar una acción orientada hacia el logro de sus metas diarias.

Al establecer un límite de tiempo, tenga mucho cuidado de establecer un límite de tiempo adecuado. Asegúrese de no establecer un límite de tiempo demasiado largo de manera que no se prolongue el trabajo para permanecer dentro de ese límite de tiempo. Recuerde siempre la Ley de Parkinson, "El trabajo se expande para llenar el tiempo disponible para su realización", así como "Los contratos de trabajo se ajustan al tiempo que le damos".Por lo tanto, es mejor establecer un límite de tiempo más corto, porque si surge la necesidad, siempre se puede extender en comparación con el establecimiento de un plazo largo, ya que siempre tratará de superar el plazo en lugar de terminar antes.

Una vez que tenga una idea de los objetivos que desea alcanzar, debería hacer lo siguiente:

Escriba y visualice sus metas

Al establecer metas, una cosa que define la diferencia entre sus metas y sus meros deseos es escribir sus metas y visualizarlas diariamente.

Puedes usar un diario o una aplicación para escribir tus metas. Segmente sus metas en metas a largo, mediano y corto plazo, y cree un esquema de cómo va a trabajar en ellas; ¿en cuáles trabajará esta semana, la próxima semana, el próximo mes o dentro de diez años?

Visualizar sus metas todos los días también ayuda porque mantiene sus metas en foco. Usa tu mente para imaginarte a ti mismo logrando esas metas. Si su meta es comprar una casa el próximo año, comience a imaginarse viviendo en la casa de sus sueños. La visualización no sólo le motiva a actuar sobre sus metas y hacer algo ahora en lugar de postergarlo, sino que también le ayuda a construir una actitud positiva que hace que alcanzar las metas sea un poco más fácil.

Divida sus metas en partes más pequeñas

A veces, las metas pueden ser muy intimidantes, especialmente cuando parecen ser muy grandes. Si sus metas parecen monumentales, divídalas en trozos más pequeños para que sean menos intimidantes.Reducir sus metas significa dividir cada meta en pasos más pequeños que se pueden lograr. Le ayuda a entender que las metas más pequeñas pueden alcanzar una meta más grande. Además, es probable que nos demoremos cuando veas que algo es demasiado grande para ser logrado; por lo tanto, terminaremos perdiendo el tiempo.Sin embargo, cuando usted divide las metas, parece que son cosas simples que usted puede hacer y por lo tanto se pone en movimiento.

Creo que conoces la cita de Lao Tzu: "Un viaje de mil millas comienza con un paso". Cuando usted convierte las metas más grandes en pequeñas metas manejables, usted logra una perspectiva de tiempo que le permite dar a sus metas más pequeñas plazos alcanzables. La reestructuración de sus metas también le ayuda a crear metas realistas más pequeñas.

¿Cómo se dividen las metas?

Para crear metas más pequeñas, primero, comience desde la meta final/de largo plazo. Por ejemplo, la compra de una casa es una meta a largo plazo. Pregúntese, ¿qué necesita lograr para estar en una posición en la que comprar una casa es una mera cuestión de elegir una casa y pagar por ella? Es posible que descubra que necesita un nuevo trabajo o que empiece a ahorrar una cantidad específica de dinero cada mes. Estos son objetivos más pequeños orientados a ayudarle a alcanzar una meta a largo plazo.

Si su objetivo a largo plazo es iniciar un negocio, pregúntese qué cosas deben estar en su lugar antes de que pueda iniciar su negocio. ¿Necesita ahorrar algo de dinero primero, renunciar a su trabajo diario, desarrollar un producto o servicio y luego encontrar clientes?

Todas estas son metas más pequeñas. Podrías dividir esas metas más pequeñas en mini-objetivos. Por ejemplo, si necesita encontrar clientes para su negocio, ¿cómo los encontrará, cómo se comunicará con ellos?

Si su meta es encontrar un nuevo trabajo, puede crear metas en torno a las actividades que necesita realizar para encontrar un nuevo trabajo. Por ejemplo:

1. Reescriba su currículum.

2. Deje su currículum en las agencias de empleo

3. Busque puestos de trabajo disponibles que le interesen en los directorios de empleos en línea

4. Pida a sus amigos y familiares que le ayuden.

Después de pasar por este proceso, comience a crear una lista completa de todas sus metas y las tareas que necesita completar para lograrlas; déle a cada tarea una fecha límite inamovible.Redimensionar sus metas le ayuda a crear confianza. Si su meta es escalar el Monte Everest, mirar la montaña desde lejos será aterrador y aparentemente más difícil de lograr, así que, lo que usted se propone hacer, es probable que nunca lo logre.Sin embargo, si usted divide esa meta en otras más pequeñas, por ejemplo, diga: "Subiré 6.2 millas todos los días", la tarea parece más pequeña y fácil de lograr y esto lo estimula a actuar para hacer las cosas y no para postergarlas.

Paso 2: Dominar el arte de priorizar

Después de dividir sus metas en trozos masticables, parecerá que tiene mucho que hacer y no tiene tiempo suficiente para hacerlo. Cuando los añada a sus actividades diarias regulares, parecerá como si no tuviera suficiente tiempo para trabajar en pos de sus objetivos.

En este punto, te sentirás abrumado y desmotivado; entonces empezarás a perder los plazos que tan meticulosamente has creado. Esto sucede cuando usted no deja de priorizar sus objetivos. Dar prioridad a sus objetivos es la única cosa que le hace un mejor administrador del tiempo y más productivo.

Para priorizar sus objetivos, debe hacer esto:

Crear listas de tareas

Para ser un mejor administrador del tiempo, necesita saber cómo crear listas de tareas. Hay cuatro tipos de listas de tareas:

Lista Maestra

Esta es la lista principal; contiene todos los objetivos que se proponen alcanzar en un futuro próximo. Este futuro cercano podría ser los próximos cinco, diez, veinte años, o incluso el resto de tu vida. Podrías llamar a esto tus metas de por vida. Esta lista también convertirá sus metas de por vida en metas anuales. Usted podría revisar esta lista cada año.

Lista Mensual

Su lista mensual de tareas pendientes contiene todas las tareas que necesita completar en un mes. Puede consistir en elementos de su lista maestra, así como todas las demás tareas que desee realizar mensualmente.

Lista semanal

Esta lista es una preparación semanal; contiene todas las tareas que necesita completar cada semana. Una vez más, contendría elementos de su lista mensual de tareas pendientes.

Lista Diaria

Su lista de tareas diarias es algo que puede crear todos los días; contiene tareas que necesita realizar todos los días.

Para poder hacer las cosas en sus listas de tareas, usted necesita aprender a crear listas que funcionen. Veamos cómo hacerlo.

Cómo crear listas de tareas que funcionan

La mayoría de la gente crea listas de cosas por hacer que terminan en el cubo de basura y son una completa pérdida de tiempo. Esto sucede porque la mayoría crea listas de tareas que no tienen una metodología de trabajo flexible.

Las listas de tareas son una de las herramientas más importantes de gestión del tiempo. Para aprender a manejar su tiempo de manera más efectiva, debe aprender a crear listas de tareas efectivas que funcionen.

A continuación se presentan los pasos que necesita seguir para crear una lista de cosas por hacer de forma efectiva:

1. **Decidir el medio a utilizar.** Usted podría escribir su lista de tareas en papel, pero las innovaciones digitales han hecho posible crear listas de tareas en medios digitales como teléfonos inteligentes, computadoras, tabletas y otros dispositivos.

   Algunos de estos dispositivos incluso vienen con alarmas que le notifican de lo que necesita hacer y cuándo. La mayoría de estas aplicaciones también incluyen funciones de programación y gestión del tiempo. Puede descargar la mayoría de ellos en línea.

2. **Cree una lista maestra**. Haga una lista maestra de todas las tareas que necesita realizar diariamente; desde ducharse por la mañana, hasta

asegurarse de cerrar con llave todas las puertas de su casa antes de irse a dormir, todo.
3. **Decida** cuáles de estas tareas son delegables; no tiene que hacerlo todo usted mismo.
4. **Separe** el resto de la lista en dos categorías, una categoría para las tareas que necesita completar en el trabajo y la otra para las tareas que necesita completar en casa. Esto le ayuda a evitar que se desvíe la atención de modo que cuando esté en el trabajo, pueda concentrarse únicamente en las tareas del trabajo y cuando esté en casa, también pueda hacer lo mismo.
5. **Calcule** el tiempo que necesita para cada tarea. En esta etapa, usted tiene que ser muy realista; no asigne 1 hora a una tarea que sólo necesitaría 30 minutos para completarla con el pretexto de "sólo para estar en el margen de seguridad".
6. **Dese** por lo menos 10-15 minutos

entre una tarea y otra. Esto servirá como tiempo de transición y le ayudará a relajarse antes de cambiar a otra tarea. También le ayudará a encontrar tiempo extra para actividades que no puede completar dentro del tiempo asignado.

7. **Coloque** la lista en un lugar estratégicamente visible. Si está escrito a mano, puedes pegarlo en alguna parte. Si está en su teléfono, computadora o cualquier otro dispositivo digital, puede configurar notificaciones y alarmas que se destaquen.

8. **Tache** los artículos de la lista a medida que los vaya completando. Esto por sí solo sirve como una muy buena fuente de motivación porque cuanto más tachas los ítems de tu lista, más emocionado estás por tachar más ítems y más motivado estás.

Por lo general, es aconsejable que comparta su lista de cosas por hacer. Compartir su lista de cosas por hacer con alguien en quien usted confía es importante ya que le ayuda a tener a alguien que puede ayudar a mantener las cosas bajo control y ver cuándo tachas los elementos de su lista de cosas por hacer y cuándo no lo ha hecho.

El premiarse a sí mismo cuando completa con éxito todos los elementos de su lista de tareas diarias lo motiva y lo estimula a trabajar más duro.

Cómo priorizar su trabajo

¿Qué sucede cuando usted está en medio de una tarea que ha programado en su lista de tareas pendientes y su asistente llega con otra emergencia que necesita su atención con urgencia?

Es difícil saber cómo priorizar las tareas, especialmente cuando se trata de varias tareas igualmente urgentes. Sin embargo, debe aprender a establecer prioridades de manera efectiva para que pueda administrar mejor su tiempo.

Para aprender el arte de priorizar, elija inteligentemente entre las actividades.

Para ello, divida todas sus tareas en cuatro categorías:

1. Alto impacto, bajo esfuerzo
2. Alto impacto, alto esfuerzo
3. Bajo impacto, bajo esfuerzo
4. Bajo impacto, alto esfuerzo

Aborde primero los proyectos de alto impacto y bajo esfuerzo. Estas tareas le darán la mayor utilidad con el menor esfuerzo. Luego pasaremos a los proyectos de alto impacto y alto esfuerzo. Aunque estos pueden consumir mucho tiempo, aún así le ofrecen altos beneficios por sus esfuerzos.

La siguiente categoría a abordar son los proyectos de bajo impacto y bajo esfuerzo. No tienes que encargarte de esto tú mismo: Delegue; si no puede hacerlo, hágalo después de abordar proyectos de alto impacto, bajo esfuerzo y alto impacto, alto esfuerzo.

El último conjunto de proyectos en los que debe invertir tiempo es el proyecto de bajo impacto y gran esfuerzo.

Usted debe tratar de evitar estos proyectos porque son una pérdida de tiempo. Le dan muy pocos beneficios por su tiempo y pueden consumir mucho tiempo. Usted debe delegarlas o hacerlas después de completar cualquier otra tarea y aún así tener un poco más de tiempo libre.

Recuerde que depende de usted saber si un proyecto tiene un impacto alto o bajo y si requerirá poco o más esfuerzo.

Paso 3: Programe adecuadamente su tiempo

¿Regresa a menudo del trabajo sintiéndose como si no hubiera logrado nada a lo largo del día? Si usted puede identificarse, esto usualmente sucede cuando no programa su tiempo apropiadamente.

Como se ha mencionado en esta guía, cada día no tiene más de 24 horas y no se puede hacer nada para extender un día más allá de las 24 horas. Lo único que puedes hacer es aprender a trabajar con lo que tienes y saber cómo usar tu tiempo eficazmente. La programación adecuada del tiempo es esencial, ya que la programación de su tiempo le ayuda a alcanzar sus objetivos dentro de los plazos establecidos.

Programar sus tareas le da una idea más clara de lo que puede lograr con su tiempo y le ayuda a organizar su tiempo de manera más efectiva para que tenga suficiente tiempo para tareas importantes.

Con esto, usted equilibra su vida laboral y su vida personal. Usted adquiere conocimientos valiosos que le ayudan a trabajar efectivamente hacia sus metas personales y profesionales, y al mismo tiempo, deja suficiente tiempo para pasar con sus amigos, familiares, en sus pasatiempos, y en cualquier otra cosa en la que disfrute de pasar el tiempo.

Cómo programar su tiempo

Para programar su tiempo, primero, asigne una fecha para hacer la programación. Esto podría ser al principio de cada semana o mes.

Luego, consiga un bolígrafo o papel, o si tiene acceso a uno, un planificador semanal. Google tiene uno muy bueno que puedes usar, Google Calendar. También puedes usar Microsoft Outlook u otras aplicaciones móviles de gran calidad; todo depende de tu presupuesto y tus gustos. Sin embargo, asegúrese de que puede introducir y editar datos fácilmente y de que puede ver un lapso de tiempo (semana, mes o día). Si necesita crear un horario detallado con notas al pie y todo, consiga uno que le permita hacerlo también.

Ahora, establezca el tiempo que necesita para todo el trabajo que necesita para completar la semana. A estas alturas, usted debe saber cuánto tiempo suele dedicar a cada tarea de trabajo. Por ejemplo, sé que necesito una o dos horas para completar un artículo motivacional en un sitio web. Usted debe saber cómo asignar horas a todas las tareas de su lista de tareas pendientes, resumirlas, y eso es todo; ahora ya sabe cuántas horas necesita para trabajar esta semana.

Para mejorar la calidad de su trabajo, programe tiempo suficiente para las tareas que necesita completar. Por ejemplo, si necesita realizar investigación o algún trabajo de preparación antes de completar una tarea específica, asigne suficiente tiempo para ello.

Encuentra la hora del día en la que eres más productivo; ¿eres un búho nocturno que es más productivo en la noche, o eres más enérgico en la mañana? Use este tiempo para manejar tareas urgentes y de alta prioridad, especialmente aquellas que no puede delegar. A continuación, puede utilizar la fórmula de la página anterior para programar todas las demás tareas según su orden de prioridad.

No olvide programar tiempo extra para emergencias y contingencias. Esto justificará las interrupciones, interrupciones y otras actividades que no haya planeado; hágalo de acuerdo con el nivel de previsibilidad de su trabajo. Si su trabajo es predecible, necesita menos tiempo de contingencia que si tuviera un trabajo muy impredecible.

Lo siguiente para lo que hay que crear tiempo son las actividades discrecionales. Estas actividades involucran la entrega de trabajos y metas. Por ejemplo, el tiempo que necesita para ir a la oficina o a la casa de un cliente para entregar un trabajo. Después de programar todas las tareas, analice todo y vea si puede delegar y tercerizar algunas de las tareas o incluso utilizar la tecnología para automatizarlas.

La programación es muy importante en la gestión del tiempo, ya que le ayuda a planificar su tiempo de forma organizada, lo que le dará una mejor idea de cuánto tiempo necesita, cuánto tiempo tiene, y cómo utilizar el tiempo que tiene con sensatez. También le permite identificar las tareas que puede eliminar de su lista de tareas pendientes, las que puede delegar y las que puede subcontratar para poder dedicar más tiempo a las actividades en las que es más productivo.

Paso 4: Organícese

¿Sabía usted que un estadounidense promedio pasará un año de su vida buscando objetos perdidos o extraviados? Además, en promedio pasamos alrededor de 6 minutos por la mañana buscando nuestras llaves.

Además, usted es consciente que cuando se trabaja en un escritorio desordenado, se pasa un promedio de 1 hora al día distraído por las cosas; por lo tanto, fuera de la vista, fuera de la mente y viceversa.

Esto demuestra que ser organizado es muy importante si quiere administrar bien su tiempo. Por lo tanto, no importa lo buen administrador del tiempo que sea, si le faltan sus habilidades organizativas, nunca tendrá tiempo suficiente para completar las tareas y alcanzar sus objetivos.

Esos 30 minutos que pasas buscando un documento cuentan. Además de robarle su tiempo, la desorganización también es muy costosa. Podría afectar drásticamente su productividad e influir negativamente en su salud física y mental. Por ejemplo, la mayoría de las personas simplemente tienen dificultades para concentrarse en algo si no pueden encontrar algo que realmente desean. Por lo tanto, la organización es especialmente importante para ayudarle a mantener el control de su tiempo durante todo el día. Aquí hay algunos consejos que le ayudarán con la organización:

Utilice un cuaderno de bolsillo para

capturar pensamientos: Obtenga un cuaderno de apuntes o computador portátil donde puede escribir sus pensamientos a lo largo del día mientras trabaja. La desorganización de la mente es algo muy serio que la mayoría de la gente ignora. Desperdicia tu energía mental! Si tus pensamientos están aquí y allá, tus acciones también serán desorganizadas. Consigue un cuaderno y úsalo para organizar tus pensamientos diariamente.

Dedique un breve tiempo a la organización diaria: 15 minutos es un tiempo razonable que debe dedicar a la preparación de su lista de tareas pendientes y a obtener una idea clara de cómo será su día. Hacer esto todos los días le ahorrará tiempo, el tiempo entre las actividades que pasa tratando de resolver las problemas.

Limpia tu mesa: Es común que su escritorio/estación de trabajo se desordene mientras trabaja durante el día; aunque esto puede ser así, el desorden es muy molesto. A veces, usted no puede ver el efecto que tiene en usted porque a menudo, los efectos del desorden son mentales.

Mantenga siempre su escritorio/estación de trabajo limpio, despejado y libre. No lo use como un espacio de almacenamiento; en su lugar, use los cajones o consiga una caja u otras soluciones de almacenamiento para sus archivos y otros materiales de trabajo importantes. Todas las mañanas, antes de que empieces a trabajar por el día, limpia tu escritorio.

Cree un área de acción en su escritorio: Antes de comenzar cualquier tarea, saque todo lo que necesite para completarla y colóquela en un área designada de su escritorio. Después de completar cada tarea, deshazte del elemento relacionado con ella. Esto hará que sea fácil tener acceso a todos los recursos que necesita para completar las tareas sin interrupciones.

Cree un sistema de archivo eficaz: Si aún no tiene un sistema de llenado, cree uno. Cree archivos para todos sus documentos y utilice cajas de almacenamiento para todas sus herramientas. Esto facilita el acceso a los elementos que necesita. Si no le gusta tener demasiado papel, puede digitalizar sus documentos escaneándolos y almacenándolos en dispositivos electrónicos.

La organización es muy importante; dedique tiempo a organizarse. No hacerlo podría costarle mucho dinero, tiempo, bienestar, productividad y, por supuesto, progreso profesional o personal.

Paso 5: Exterminar la Postergación

Como ya se ha dicho, el 20% de los estadounidenses son postergadores crónicos? Mientras que la mayoría de nosotros aplazamos las cosas para "más tarde", cuando simplemente no puedes encontrar ese "más tarde" y hacer lo que se suponía que debías hacer, entonces definitivamente tienes que hacer algo con respecto a la situación.

La postergación es un hábito perjudicial que afecta a millones de personas. De hecho, gracias a la postergación, miles de personasnunca logran el éxito aunque tengan la capacidad para alcanzarlo. La postergación te impide alcanzar tu verdadero potencial.

Para superar la postergación, lo primero que debes hacer es reconocer y aceptar que eres un postergador. La postergación es algo que tengo que controlar cada vez que me doy cuenta de que lo hago. La postergación es simplemente el acto de posponer las cosas productivas en las que debería concentrarse ahora y, en su lugar, concentrarse en hacer las cosas que considere más fáciles y agradables.

En lugar de centrarse en escribir ese importante correo electrónico, usted eligió escribirlo "más tarde" y en su lugar elegir jugar al Sudoku en su portátil y decirse a sí mismo que va a escribir el correo electrónico más tarde. Sólo que cuando llegue'más tarde', escribes tres líneas y te dices a ti mismo, completarás el resto más tarde y te irás a las actividades de confort.

Este hábito te afecta, afecta tu nivel de productividad y te inhibe mentalmente. La postergación es un ladrón del tiempo. Sin embargo, si usted está dispuesto a poner un poco de esfuerzo en ello, dejar el hábito es muy fácil. Aquí está cómo hacerlo:

Primero, debe averiguar por qué está postergando las cosas. ¿Es que ya no encuentras la tarea atractiva y ahora inconscientemente estás tratando de evitarla? Si este es el caso, usted debe considerar conseguir un nuevo trabajo o buscar otra pasión; si no puede conseguir otro trabajo, reemplace estas tareas, y planifíquelas para que coincidan con sus períodos de alta energía para que pueda completarlas rápidamente.

Una cosa que he descubierto es que las tareas siempre parecen difíciles cuando no las estás haciendo; sin embargo, cuando empiezas a abordarlas, empiezas a disfrutar de la tarea y te preguntas por qué tenías miedo de hacerlo en primer lugar.

Otra cosa que deberías investigar es la organización. Si sus pensamientos y su trabajo están desordenados, es probable que se demore. Las personas organizadas suelen tener listas de tareas y horarios que les ayudan a priorizar sus tareas y a evitar postergar tareas importantes.

También debe asegurarse de tener las

herramientas y los recursos necesarios para completar una tarea antes de comenzarla. Cuando no está seguro de sus habilidades o recursos, es probable que se retrase. Por otro lado, si lo tiene todo planeado, es menos probable que lo postergue.

Otra cosa que mantiene a raya la postergación es el desarrollo de habilidades para la toma de decisiones. Si usted es del tipo que encuentra difícil tomar decisiones, tiende a postergar mucho las cosas. Siempre identifique todos los riesgos de no completar una tarea a tiempo y téngalos en cuenta. ¿Cuánto dinero perderá si no completa una tarea? ¿Cuántos clientes perderá si no puede cumplir con los plazos?

Por último, debe aprender a recompensarse por las tareas realizadas. Además, empiece a realizar tareas sin pensarlas demasiado, siempre teniendo en cuenta las consecuencias de no completar las tareas a tiempo, y recompénsese por cada tarea que realice. Haga esto constantemente y antes de que se dé cuenta, habrá dejado de postergar tanto.

Multi-Tarea: Lo bueno, lo malo y lo feo

La mayoría de nosotros pensamos que somos multifuncionales efectivos. Sin embargo, sólo el 2% de la población puede realizar varias tareas a la vez de manera efectiva; ¿cree usted que pertenece a esa categoría del 2%? Aunque la mayoría de nosotros somos multitarea, ¿la multitarea es algo bueno o malo?

El "por qué" detrás de la mayoría de nuestras multitareas radica en nuestra necesidad de usar el tiempo con sensatez; cuando se realiza una tarea múltiple, se desea completar dos tareas utilizando el tiempo asignado a una de ellas. Lo que usted no sabe es que la multitarea no es tan productiva como usted cree. A veces hace que la calidad de su trabajo sea peor y, a veces, termina pasando más tiempo arreglando el problema que si lo hubiera hecho bien la primera vez.

El diseño de la mente humana no está preparado para manejar múltiples tareas conflictivas al mismo tiempo. Por ejemplo, imagine que intentar escribir una carta y hablar con alguien, una de las tareas sería mediocre y de baja calidad.

Por lo tanto, la multitarea disminuye la calidad de su trabajo y aumenta sus niveles de estrés. Por otro lado, cuando te concentras en manejar una tarea a la vez, te concentras más y consigues mejores resultados.

Cómo detener la multitarea

Planifique su día con anticipación y en bloques. Reserve tiempo para recibir llamadas, responder correos electrónicos y mensajes de textos, y otras actividades que puedan hacer que realice multi tareas.

Haga una lista de las actividades que más le interrumpen y descubra una manera efectiva de manejar estas interrupciones.

Encuentre maneras creativas de mejorar su concentración para que pueda concentrarse en una tarea a la vez.

Apague las alarmas y, si es posible, ponga el teléfono en modo silencioso.

Tome descansos cortos entre trabajo y trabajo para evitar sentirse abrumado debido a que se concentra demasiado tiempo en una tarea en particular.

Aprenda a volver a enfocar su atención cada vez que se desvíe de la tarea en la que está trabajando.

Es importante recordar que la multitarea reduce la calidad de su trabajo. La idea de que la multitarea le ayuda a lograr más en menos tiempo es usualmente falsa.

Con el establecimiento de prioridades y la programación adecuados, nunca más tendrá que realizar varias tareas a la vez.

En el siguiente capítulo, le voy a mostrar algunas herramientas de gestión del tiempo que puede utilizar para administrar su tiempo de manera eficaz.

Herramientas de administración del tiempo

El Internet tiene una serie de herramientas de gestión de tiempo que puede descargar o comprar. Las herramientas de gestión del tiempo le ayudan a evitar distracciones; también actúan como un tipo de foco 'policía'. Aquí están algunas de las mejores herramientas de gestión del tiempo disponibles hoy en día:

StayFocused

StayFocusedes una extensión descargable

de Chrome. Le ayuda a evitar visitar sitios web "improductivos" mientras trabaja. Si usas Internet para trabajar, las distracciones son fáciles. Cuando descarga esta extensión, bloquea los sitios especificados (puede definir estos sitios), lo que le ayuda a ser más productivo.

RescueTime

Puedes descargar esta aplicación en tu computadora con sistema operativo Windows o Mac para monitorear y registrar el tiempo que dedicas a cada actividad. RescueTime le ayuda a hacer un uso sensato de su tiempo y a convertirse en un mejor planificador.

GridAnalysis

La incapacidad de tomar decisiones rápidamente puede a veces conducir a una pérdida de tiempo. Si le resulta difícil tomar decisiones, GridAnalysisel le ayudará.

RemembertheMilk

RemembertheMilkle envía actualizaciones sobre las tareas que necesita realizar dondequiera que esté y le ayuda a administrar mejor su tiempo.

FocusBooster

Si tienes un problema con las distracciones o sufres de postergamiento agudo, esta aplicación es para ti. FocusBooster es una aplicación que ayuda a mejorar tu concentración y a controlar la ansiedad que puedas tener sobre el tiempo.

Estas son sólo algunas de las aplicaciones que puedes encontrar muy útiles para administrar el tiempo y manejar las distracciones. Si ninguno de ellos es adecuado para usted, escriba la siguiente búsqueda 'herramientas de gestión del tiempo + productividad' en Google (sin las comillas) y revise los resultados.

Conclusión

Gracias de nuevo por descargar este libro! Espero que este libro haya sido capaz de ayudarle a mejorar la calidad y la cantidad de trabajo realizado a medida que trabaja para alcanzar sus objetivos.

Continúe aplicando estos principios en su vida a medida que emprende nuevas actividades. Seguirás creciendo.

Por último, si usted disfrutó la lectura de este libro, entonces me gustaría pedirle un favor, si lo desea, le agradecería que dejara una reseña para este libro.

Gracias y continúe el trabajo!

Parte 2

Introducción

Quiero darle las gracias y felicitarlo por descargar el libro.

Vivimos en tiempos en los que hay muchas distracciones: Facebook, el correo electrónico y los juegos en línea. Asimismo, vivimos en un mundo donde tenemos que hacer malabares con las cosas y múltiples tareas a la vez. Por lo tanto, si usted no posee buenas habilidades para gestionar su tiempo, puede que deje caer una bola y ésta se rompa. Esa bola podría ser su carrera, sus relaciones, su vida familiar, o los estudios.

Tener malas habilidades para la gestión del tiempo acarrea varios efectos dañinos para su vida. Disminuye su eficiencia. También conduce a no llegar a tiempo con los plazos y a la mala calidad en el trabajo. Tener malas habilidades para gestionar el tiempo puede a la larga sabotear su vida académica, su carrera, y su vida en general.

Entonces, ¿cómo sabe si necesita mejorar sus habilidades de gestión del tiempo?

Bueno, estas son las señales evidentes de que usted tiene un sistema de gestión de tiempo ineficaz:

- Puntualidad deficiente: si llega tarde o pierde los plazos de entrega constantemente, significa que su sistema de gestión del tiempo es deficiente. Que usted no pueda cumplir con los plazos de entrega constantemente, podría ser una indicación de que no está asignando la cantidad de tiempo correcto para cada actividad o que está aceptando demasiadas tareas. También podría ser una indicación de que usted es fácilmente interrumpido por las distracciones. También puede significar una falta de enfoque.
- Trabajo apresurado y rendimiento pobre: Precipitarse conduce inevitablemente a la producción de un trabajo de mala calidad. Por lo tanto, si usted se encuentra a las apuradas repetidamente, esto es una indicación de que tiene malas habilidades para gestionarsu tiempo.

- Usted está atascado – Si usted siente que su vida no avanza, entonces puede que necesite ayuda para mejorar sus habilidades de gestión del tiempo.

Este libro contiene consejos fáciles de seguir que le ayudarán a lograr una buena administración de su tiempo. En este libro, usted aprenderá:

- Los principios básicos de la gestión del tiempo
- Mas de 100 consejos sobre cómo gestionarsu tiempo
- Consejos sobre fijación de metas
- Cómo crear una sólida rutina matutina
- Cómo evitar la procrastinación y las distracciones

Si sus habilidades para administrar el tiempo son escasas, usted siempre está persiguiendo eintentando retomar su camino. Esto disminuirá sus niveles de energía y motivación. Este libro le ayudará a administrar su tiempo y a centrarse en las cosas que realmente importan. Le ayudará a hacer muchas cosas en un período corto de tiempo. Le ayudará a aumentar su productividad y eficiencia.

Este libro también le ayudará a lograr el éxito en todas las áreas de su vida a través de la gestión del tiempo.

Gracias nuevamente por descargar este libro, espero que lo disfrute!

Capítulo 1: Las Maravillas del Manejo del Tiempo

El tiempo es un recurso limitado. Por lo tanto, si usted quiere tener una vida buena y satisfactoria, es crucial aprender a manejar su tiempo. Poder administrar el tiempo tiene una gran cantidad de beneficios, incluyendo:

1. Disminuye el estrés.

   Precipitarse con el trabajo y no llegar a tiempo con los plazos puede incrementar sus niveles de estrés. Entonces, a fin de reducir el estrés, lo mejor es gestionar bien su tiempo. La gestión del tiempo le permite controlar la forma en que uno lo utiliza, de modo que no tenga que apresurarse de una tarea a otra, o de un lugar a otro. También le permite incorporar actividades de relajamiento dentro de su rutina diaria.

2. Puede hacer más.

   La gestión del tiempo le permite utilizar su tiempo eficientemente. Esto le permite administrar mejor su carga de trabajo para poder conseguir hacer más

en una cantidad de tiempo menor.
3. Es menos probable que tenga que hacer revisiones y volver a trabajar sobre las mismas tareas.

Ser organizado lo conduce a cometer menos errores y a no tener que pasar mas horas trabajando. Cuando uno se apresura o precipita con las responsabilidades, lo más probable es que se olviden detalles importantes, elementos e instrucciones. Esto podría llevarle a tener trabajo extra. Por lo tanto, a fin de evitar tener que hacer las cosas de nuevo, es importante organizar su tiempo y su horario.

4. Tendrá menos perdida de tiempo.

La gente pierde mucho tiempo en actividades ociosas como navegar en internet o merodear en las redes sociales. La administración del tiempo le ayuda a controlar estas distracciones y a aprovechar sus días en cosas más productivas.

5. Le ayuda a alcanzar sus metas.

Todos necesitamos lograr cosas a diario. En consecuencia, si usted tiene metas a alcanzar, sería una buena idea intentar administrarmejor su tiempo.

La administración del tiempo le ayuda a centrarte en actividades que le permitirán lograr sus objetivos vitales. Le ayuda a canalizar su energía en las cosas que importan.

6. Le ayuda a sentirse más feliz y más sano.

Una buena estrategia para administrar el tiempo puede ayudarle a vivir un estilo de vida más saludable. Le permite dormir bien y le da tiempo para hacer ejercicio. Si usted tiene establecido un buen sistema de manejo del tiempo, también será menos propenso a involucrarse en malos hábitos, tales como la ingesta excesiva de comida y el abuso de alcohol.

7. Será más flexible y espontáneo.

Gestionar bien su tiempo puede volverlo más espontáneo y flexible debido a que tendrá tiempo extra para involucrarse en actividades inesperadas o sin planificar. Por lo tanto, tendrá tiempo para ayudar en algún proyecto de caridad o podrá

tomarse el tiempo para almorzar con una vieja amistad.
8. Previene los problemas.
¿Tiene usted tendencia a crear sus propios problemas? La mala administración de su tiempo hace que su vida sea más difícil, ya sea que se trate de una tarea olvidada o de una fecha límite incumplida. Entonces, para evitar estos posibles problemas, es necesario crear un sistema de manejo del tiempo que sea robusto y que le permita conducirse con mayor eficacia.
9. Fortalece su carácter.
El administrar mejor su tiempo fortalece su carácter. Mejora su disciplina y autocontrol. Le permite evitar distracciones y centrarse en las tareas importantes y en las cosas que realmente son relevantes.
10. Aumenta la moral y la confianza en usted mismo.
Administrar su tiempo eficientemente, le da un fuerte sentido de control sobre su vida. También le da una sensación intensa de realización personal, incrementándose drásticamente la

autoestima y la confianza en sí mismo.

11. Aumenta su energía.

El buen manejo del tiempo le ayuda a prevenir la aparición y acumulación de sentimientos y emociones que lo dejan sin energía, como lo son el estrés y la ansiedad. Cuando usted conduce su tiempo de manera eficiente, pasará menos tiempo preocupándose y tendrá más energía para hacer las cosas que son de su agrado. También mejora su tranquilidad.

12. Hace la vida más fácil.

Gestionar bien el tiempo hace su vida más fácil y le ayuda a enfocarse en las cosas que son importantes.

También reduce la frustración y le da tranquilidad. Reduce sus niveles de estrés y le da un fuerte sentido de realización. Le ayuda a controlar su tiempo y su vida.

Capítulo 2: Establezca Sus Metas

La primer cosa que usted tiene que hacer para poder administrar su tiempo eficazmente es establecer sus metas. Establecer metas le permite priorizar y saber qué es lo importante para usted. Estas metas le darán un sentido claro sobre su propósito y también le permite enfocar su energía en las cosas importantes. Le permite separar las tareas importantes de las que no son tan importantes.

Pero, antes de establecer sus metas, usted debe determinar qué cosas son realmente importantes para usted. Será necesario que realice una introspección personal y determine cuales son sus valores y sus deseos. Tómese el tiempo para pensar qué es lo que realmente quiere en la vida. ¿Desea ser un exitoso hombre de negocios? ¿Desea proporcionar a su familia un buen nivel de vida? ¿Desea viajar alrededor del mundo? ¿Desea poder criar buenos hijos? ¿Quiere escribir un libro que se convierta en un éxito de ventas? ¿Quiere ganar al menos un millón de dólares al año? ¿Quiere alcanzar el éxito académico?

Entonces, habiendo determinado el propósito de su vida, es necesario ahora establecer las metas. A continuación algunos consejos que puede utilizar para establecer sus objetivos:

1. Tiene que establecer metas que estén en sintonía con sus deseos y su propósito.
2. Asegúrese de establecer las metas para los distintos aspectos de su vida, esto incluye las finanzas, la carrera, la educación, el desarrollo personal y relaciones personales.
3. Establezca metas específicas, que sean alcanzables, ponderables, relevantes y sujeta a plazos determinados. Es estupendo fijarse metas ambiciosas, pero también es importante asegurarse de que sean alcanzables.
4. Establezca metas que lo motiven e inspiren a ponerse en acción.
5. Escriba sus metas. Las metas no escritas carecen de poder. Al escribir sus metas

en un pedazo de papel usted se verá obligado a tomar acción para manifestar sus sueños y hacerlos realidad.

6. Enfóquese en las actividades que le ayuden a alcanzar sus metas. Esta es la forma en que la fijación de metas puede ayudarle a administrar mejor su tiempo. Por ejemplo, si su meta es viajar por Europa y necesita unos 11.000 dólares para hacerlo, debe centrarse en actividades que le permitan recaudar esa cantidad de dinero. Entonces, en lugar de salir de fiesta con los amigos, complete su agenda con oportunidades para ganar dinero, las cuales le permitirán pagar ese viaje.

A continuación una tabla que puede ayudarle a lograr esto:

Objetivo: Recaudar $10.000 extra para viajar a Europa	
Actividades	**Acciones a tomar**
Trabajar normalmente de 9 a	Se deben mantener estas tareas o

17 horas y cumplir todas las tareas relacionadas con el trabajo.	actividades, ya que esto le ayudará a recaudar el dinero para su viaje.
Reunirse con un potencial socio de negocios.	Se debe mantener esta actividad como una nueva oportunidad de negocios, que también puede ayudarle a ganar más dinero para su viaje.
Salir a la discoteca con los amigos.	Esta actividad debe ser desechada ya que no le ayudará a alcanzar su meta. Además, es un gasto adicional.

Claro que, la tabla es sólo un ejemplo. Pero, esta tabla puede guiarle en la elección de las actividades que debe mantener y las actividades que debería abandonar. Recuerde que el día solo tiene 24 horas. Su tiempo es limitado, de modo que es importante usarlo en actividades que realmente importan.

7. Hacer seguimiento de sus metas.
Con todas las distracciones, es fácil desviarse y perder de vista sus metas. Por lo tanto, a fin de lograr sus objetivos y poder manejar su tiempo con eficacia, es importante realizar un seguimiento de las metas. Esto se puede lograr utilizando aplicaciones como Goalsontrack, Nozbe, LifeTick y Strides, que sirven para administrarlas y hacer seguimiento.

Steven Covey, el autor de "Los 7 Hábitos de las Personas altamente Efectivas", ha dicho que uno debe "comenzar con un fin en mente". Recuerde que el tiempo es un recurso limitado así que tiene que utilizarlo en cosas que sean importantes para usted. En consecuencia, tómese el tiempo para establecer las metas en la vida y luego ocupe sus días con actividades y tareas que le ayudarán a lograrlas.

Capítulo 3: Abandonar La Procrastinación

La procrastinación es un mal hábito con potencialidad para destruir su vida. Podría destruir su carrera y podría dañar sus relaciones personales. La procrastinación puede llevarlo hacia una gran cantidad de consecuencias negativas, tales como:

- Precipitarse
- Mal desempeño en el trabajo
- Estrés y ansiedad

He aquí algunos consejos que pueden ayudarle a dejar de lado la procrastinación y centrarse en losasuntos importantes:

1. Comience su trabajo durante los primeros cinco minutos de sullegada ala oficina.

   Muchos de nosotros comenzamos el día revisando Facebook, Twitter y noticias de entretenimiento. Esto está mal, ya que puede terminar perdiendo al menos una hora de valioso tiempo merodeando en las redes sociales. Por lo tanto, para lograr mejores resultados, es importante comenzar a trabajar dentro de los cinco minutos de su llegada a la oficina.

2. Abandone el perfeccionismo.

Para evitar la procrastinación, debe dejar de lado el perfeccionismo y aprender a aceptar la imperfección. En lugar de aspirar a la perfección, simplemente esfuércese por hacer las cosas lo mejor posible. No evite una tarea sólo por temor a no poder hacerla a la perfección. Recuerde que es mucho mejor concretar las tareas (aunque no sea perfecto) que no lograr nada.

3. Apartar las distracciones.

A fin de eliminar la procrastinación y administrar su tiempo de manera eficaz, usted debe eliminar todas las distracciones siguiendo estos consejos:

- Lea y conteste correos electrónicos sólo dos veces al día. Los correos electrónicos pueden ser una distracción y quitarle mucho de su tiempo. Entonces, para manejar su tiempo con mayor eficacia, responda los correos electrónicos sólo dos veces al día. Puede revisar su correo electrónico a las 9:00 horas y luego a las 14:00.
- Apague las notificaciones en su

teléfono móvil. Los estudios revelan que una persona promedio revisa su móvil más de cien veces al día. ¡Esto es mucho tiempo! Entonces, si usted quiere lograr un buen desempeño en sus tareas, debe apagar las notificaciones del teléfono móvil.

- Bloquee las redes sociales mientras está trabajando. Puede utilizar las siguientes aplicaciones:

☐ FocusWriter: Esta aplicación es ideal para aquellas personas que escriben documentos, libros e informes en forma regular. Le ayuda a crear una atmósfera de trabajo libre de distracciones. Bloquea literalmente todo, con excepción de las palabras que usted está escribiendo. La aplicación también incluye funciones de edición de texto como el conteo de palabras y corrector ortográfico.

☐ Freedom: si usted no necesita usar internet para el trabajo, esta es una de las mejores aplicaciones. Freedom le permite evitar que su ordenador se conecte a internet hasta durante 8 horas al día.

☐ Concentrate es una aplicación que le

ayuda a centrarse en una tarea a la vez.

☐ SelfControl-Esta aplicación le permite bloquear los sitios web de distracción como Facebook, Twitter o Instagram durante una cantidad específica de tiempo.

☐ StayFocusd-Esta aplicación le permite establecer un período de tiempo específico en el cual usted puede disfrutar de las redes sociales y otros sitios web de distracción. Le permite controlar la cantidad de tiempo que usted hace uso de las redes sociales.

4. Completar las tareas fáciles inmediatamente.

    Si la tarea sólo le toma menos de cinco minutos completarla, hagalo de inmediato.

5. Mantenga su oficina y espacio personal libre de desorden.

    Es difícil comenzar a trabajar si su espacio personal y su oficina están abarrotados. El desorden es una distracción visual que puede afectar su eficiencia y productividad. Por lo tanto, para lograr cumplir con su trabajo y administrar su tiempo con eficacia, usted debe mantener su hogar y su lugar de trabajo libre del desorden.

- Realice una depuración de su casa u oficina y deshágase de las cosas que ya no necesita.
- Guarde todos sus archivos en cajas o gabinetes.
- Clasifique su sistema de archivo por colores. Puede utilizar color naranja para los archivos personales, rojo para los archivos médicos, azul para los archivos financieros, y así sucesivamente.
- Utilice una etiquetadora y coloque etiquetas a sus archivos, cajas y cajones.
- Mantenga juntos los artículos similares. De esta forma, es más fácil y rápido encontrar cosas cuando las necesita.
- Coloque cinco artículos sobre su escritorio, solo los más esenciales
- Oculte los cables.
- Use organizadores de archivos y cajones.
- Coloque el bote de basura cerca de su

escritorio. De esa manera, será más fácil desechar el papel, los borradores o cosas que ya no necesita.
6. De menos importancia a lo que la gente piensa.

El preocuparse por lo que otras personas piensan puede robarle mucho de su tiempo. También puede evitar o impedir que usted se ponga en acción. Es así que, tiene que esforzarse por dar lo mejor y preocuparse menos de lo que otros piensen de usted.
7. Tomar una ducha.

Una ducha rápida puede ser refrescante, y puede colocarlo en el estado de ánimo correcto para trabajar en las tareas.

La procrastinación puede arruinarle su día de trabajo, su reputación y su carrera. También puede aumentar sus niveles de estrés y conducirlo a varios problemas de salud incluyendo los cardiovasculares. Para lograr que algo se haga, sólo tiene que dar el primer paso, aventurarse y hacerlo!

Capítulo 4: Planifique Su Semana

Para aumentar su productividad, es preferible planificar su semana por adelantado. Planificar su semana aumentará su productividad y eficiencia. Evitará que se le olvide algo. También reduce sus niveles de estrés y le permite manejar su tiempo más eficazmente.

Revise Las Metas De Su Vida

Antes de comenzar a crear su horario semanal, es necesario revisar las metas y objetivos de su vida. Esto le permitirá enfocar su energía y su tiempo en las cosas que realmente son importantes. Si usted sueña en convertirse en un exitoso hombre de negocios, debería de ocupar su semana con reuniones, actividades, tareas y oportunidades de aprendizaje que puedan ayudarle a lograr esa meta.

Catalogar Todas las Tareas Que Necesita Hacer En la Semana

Antes de crear su calendario, es necesario

listar o enumerar todas las actividades que necesita hacer la semana siguiente. Esto incluye el trabajo, distintas tareas, tiempo para su familia y tiempo para usted mismo. Simplemente enumere todas y cada una de las cosas que necesita hacer esa semana.

Priorice Sus Tareas Usando el Cuadrante de Administración del Tiempo

Ahora bien, después de enumerar todas las tareas y proyectos que necesita cumplir, revise cada una de ellas y priorice las que son urgentes e importantes.

Revise cada tarea y determine si son urgentes, importantes o ambas cosas a la vez. Las tareas importantes son aquellas actividades que le ayudanrán a alcanzar sus metas. Por otro lado, las actividades urgentes son las que exigen su atención inmediata. Estas actividades suelen estar ligadas a otra persona, como a un empleador.

A fin de ordenar y priorizar sus tareas de la

semana, utilice el Cuadrante de Administración del Tiempo de Covey, que se ilustra a continuación:

Cuadrante I Importante y Urgente	Cuadrante II Importante pero no Urgente
Ejemplos: - Crisis Proyectos con fecha límite Emergencias médicas Revisiones de último momento y trabajo extra no programado. Decisiones inmediatas -	Ejemplos: - Actividades de fortalecimiento de relaciones Tareas relacionadas con el desarrollo personal Ejercicio y cuidado personal Empoderamiento Preparación Encontrar el compañero de vida adecuado -

Cuadrante III No Importante pero Urgente Ejemplos: - Interrupciones - Reuniones - Reuniones, llamadas y correos electrónicos sin importancia - Informes innecesarios	Cuadrante IV No Importante ni Urgente Ejemplos: - Llamadas telefónicas irrelevantes - Trivialidades - Juegos en línea - Tiempo excesivo de televisión e internet - Tiempo en Facebook, Twitter e Instagram - Chismes y otros derroches de tiempo - ¡Atrapando Pokemones!

Las tareas en el primer cuadrante son

tareas importantes que requieren atención inmediata. Esto significa que usted debe priorizar estas tareas. Las tareas en el segundo cuadrante son actividades de importancia, pero que no requieren acción inmediata. Estas tareas se utilizan a menudo para la elaboración de estrategias a largo plazo. Por lo tanto, estas tareas se puede posponer o prolongar en el tiempo. Puede realizar una o dos tareas al día relacionadas con alcanzar sus metas.

Las tareas en el tercer cuadrante no son más que distracciones. Para incrementar su productividad, es una buena idea minimizar estas tareas o actividades. Si no puede evitar totalmente estas tareas, podría ser buena idea contratar a un asistente virtual que pueda encargarse de los informes, correos electrónicos y llamadas que para usted no son de gran importancia.

Las actividades del cuarto cuadrante son de ningún valor, por lo que no debe incluirlas en su lista de tareas semanal.

Haciendo La Lista Diaria de Tareas "Por Hacer"

Ahora que usted ha identificado sus prioridades, es el momento de hacer su lista diaria de tareas "por hacer". Reserve sus fines de semana para tareas importantes como lo son el fortalecimiento de las relaciones y el desarrollo personal. En pocas palabras, tiene que reservar sus fines de semana para su familia y para usted.

Entonces, distribuya en su lista diaria de cosas "por hacer" todas las demás tareas, teniendo en cuenta su importancia y sus plazos. A continuación algunos puntos para tener en cuenta en su lista de tareas "por hacer":

1. Que sea simple. Es importante enumerar sólo tres a cinco ítems en su lista de tareas. Algunas personas exitosas incluso colocan un solo ítem en su lista.
2. Haga la tarea más difícil e importante. De esta forma, usted tendrá un fuerte

sentido de realización, incluso aún sin haber hecho nada más durante el día.
3. Usted tiene que incorporar actividades que le ayudarán a alcanzar sus metas a largo plazo, como la investigación y otras actividades que podrían conducirlo potencialmente a su desarrollo personal.
4. Utilice separaciones. Es importante diferenciar los mandados personales de las tareas del trabajo.
5. Organice su lista de acuerdo al orden cronológico. Entonces, por ejemplo, si usted necesita terminar un informe antes de las 9 horas, entonces debe colocar esa tarea en el primer lugar de su lista.
6. Asignar estimaciones de tiempo para cada tarea. Esto le permitirá administrar su tiempo más eficazmente y determinar la cantidad de tareas que puede realizar en un día.
7. Asegúrese de programar descansos. Su productividad y eficiencia decaerán si usted no toma descansos. Por lo tanto, es importante incorporar tiempo de

descanso en su programa de actividades diarias.
8. Reevalúe las cosas que ha estado posponiendo e incorpórelas en su lista semanal y diaria de tareas "por hacer".
9. Mantenga libre una o dos horas de su día. Esto le permitirá atender emergencias y tareas importantes no planificadasque surjan.

Puede redactar su programa diario y semanal en un planificador, un cuaderno, un calendario, o puede colocarlo en su teléfono móvil. También puede utilizar una tabla de Excel para crear un horario semanal y diario detallado. Además, es importante realizar ésto todos los domingos por la noche. Esto le permitirá utilizar toda su energía el lunes por la mañana para las tareas más importantes relacionadas con su trabajo.

Recuerde que, cuando usted no planifica de ante mano, podría estar planificando su fracaso. Por lo tanto, a fin de administrar su tiempo con eficacia y aumentar tanto la productividad en el trabajo como la satisfacción personal, es necesario planificar por adelantado su horario semanal y diario. Si usted tiene interés en la planificación a largo plazo, también es buena idea planificar por adelantado cada mes y año.

Capítulo 5: Crear una Sólida Rutina Matutina

Una sólida rutina matutina ayuda a aumentar su bienestar físico y mental. Aumenta su productividad y marca el ritmo del día. Le ayuda a sacar más provecho de su día.

A continuación algunas cosas que usted debería hacer durante los primeros 60 minutos de su día:

1. Despertar a las 5:00 horas.

Este consejo puede causarle poca gracia, pero tiene sentido. De hecho, las personas más exitosas del mundo son miembros del club de las 5:00 de la madrugada. Despertar temprano le permite hacer más. Le ayuda a tener más exito y aumenta su productividad. Los psicólogos también observan que los madrugadores suelen tener rasgos de personalidad saludables, como el optimismo, la conciencia y la satisfacción.

2. Beba un vaso de agua.

Beber un vaso de agua justo después de despertar pone en funcionamiento su metabolismo. También rehidrata su cuerpo.

3. Haga ejercicio durante siete minutos.

Muchos expertos aseguran que ejercitar aumenta su productividad y puede ayudarle a cumplir con más cosas o tareas. Esto se debe principalmente a que ejercitarse aumenta la energía y el estado de alerta. También mejora su salud mental y sus funciones cognitivas.

4. Tomar una ducha fria.

Una ducha fría le ayuda a mantenerse alerta. Refresca y limpia su cuerpo. También le hará sentirse bien.

5. Vestirse.

6. Disfrute un desayuno saludable y cepíllese los dientes.

7. Medite unos 5 minutos. Meditar puede ayudarle de diversas maneras, ayuda a mejorar el enfoque, la concentración y la fortaleza mental. Es así que, en cierto modo, le ayuda a cumplir sus tareas y a manejar su tiempo. Mejora sus habilidades de pensamiento creativo y de resolución de problemas. También

ayuda a controlar la hiperactividad o el trastorno de déficit de atención y otros problemas mentales. Si usted es una persona religiosa, también puede reservar 1 o 2 minutos para orar.

8. Si tiene un diario de gratitud, también puede pasar alrededor de 5 minutos escribiendo todas las cosas por las que se siente agradecido. Esta actividad mejora su optimismo, entusiasmo y motivación, y por lo tanto también mejorará su eficiencia y productividad.

9. Revise su lista de tareas "por hacer". Como ya se ha mencionado previamente, es necesario crear su horario semanal y diario cada domingo por la noche. Pero, antes de salir del hogar, es importante revisar su lista de tareas "por hacer". Elimine las cosas que ya no debe realizar y añada los ítems que podría haber dejado de lado.

10. Salirdel hogar al menos una hora antes de su primera cita de trabajo o tarea. Esto le dará un margen extra para problemas inesperados como el tráfico.

Tener una rutina matutina bien

estructurada es una manera sensacional de comenzar su día. Le da tiempo para pensar y hace que usted pueda rendir con todo su potencial en el trabajo. Le ayuda a administrar su tiempo con más eficacia y a lograr hacer más cosas.

Capítulo 6: 100 Consejos Para La Administración Del Tiempo

Además de los consejos de gestión de tiempo mencionados en los capítulos anteriores, he aquí otros 100 consejos que pueden ayudarle con el manejo del tiempo y aumentar su eficiencia:

1. Aprender a decir "no", si usted le dice sí a cada proyecto, estará intentando abarcar demasiado al mismo tiempo y esto puede impactar negativamente su productividad y eficiencia. Así que, si hay demasiadas cosas de las que ocuparse, simplemente diga "no" educadamente.

2. Minimizar las quejas. Quejarse no es más que una pérdida de tiempo y energía.

3. Haga revisión de su tiempo. De vez en cuando, evalúe en qué invierte su tiempo. Al hacer esto, es importante ser honesto. Si se pasa 24 horas a la semana viendo la televisión, debe reconocerlo. Recuerde que no se puede resolver un problema si no se reconoce su existencia.

Puede realizar un seguimiento de su tiempo utilizando una tabla de cálculo de excel o puede utilizar aplicaciones como Toggl, Hours, Overnour, Paydirt y Timely.

4. Invierta su tiempo solamente en las cosas, las personas y tareas que valgan la pena.

5. Dormir al menos 8 horas al día. Un sueño satisfactorio aumentará su eficiencia y le permitirá manejar su tiempo de manera más efectiva.

6. Si usted utiliza las redes sociales para sus negocios, programe una cierta cantidad de tiempo para estar conectado y evite visitar cuentas de otras personas o actividades no relacionadas con su trabajo.

7. Hacer cambios en base a los resultados de su revisión del tiempo. Si pasa más de 25 horas a la semana viendo la televisión, es hora de hacer algo al respecto.

8. ¿Quién le consume su tiempo? Asegúrese de evitar a personas emocionalmente tóxicas que puedan drenar o quitarle su energía y tiempo al criticarlo o quejarse de su situación.

9. Todos necesitamos un poco de tiempo libre, por lo que es importante

descansar entre las tareas y los proyectos.

10. Tome al menos 30 minutos por día para revisar sus planes a largo plazo, o para realizar actividades relacionadas con las metas a largo plazo. De esta manera, no perderá de vista sus metas.

11. Previo a cada llamada, planifique cómo irá la conversación. De esta forma, evitará pasar una hora al teléfono.

12. Establezca metas a corto y largo plazo.

13. Intente añadir o tener tiempo extra dentro de su horario o cronograma de actividades.

14. Cancele las suscripciones a sitios web que envían mensajes sin sentido o correo basura.

15. Administre sus correos electrónicos y haga una clasificación de acuerdo al grado de importancia.

16. Programe al menos 30 minutos al día sólo para pensar. Gente exitosa como Elon Musk y Bill Gates hacen esto.

17. Lea un buen libro al menos una vez a la semana. La acumulación de conocimientos puede aumentar su

productividad y eficiencia. Puede ayudarle a administrar su tiempo a largo plazo.

18. Antes de asistir a una reunión. Pregúntese:"¿realmente necesito estar en esta reunión?". Si la respuesta es no, entonces no dude en no asistir a ella.

19. Pida a sus compañeros de trabajo que no lo incluyan "con copia" en correos electrónicos si no es necesario.

20. Aprender a delegar tareas. Si alguien más puede hacerlo por usted entonces deje que lo haga.

21. Trate de terminar las tareas importantes rápidamente. Esto aumentará su eficiencia y habilidad.

22. Revalúe su trabajo. Esto puede ahorrarle tiempo, puesto que evitará la revisión de trabajo.

23. Trabajar no más de cuarenta horas semanales. Trabajar muy duro puede agotarlo, y llevarlo a la fatiga. En orden a poder gestionar bien su tiempo y aumentar su eficiencia, debería procurar de no trabajar más de 8 horas diarias.

24. Programe sus vacaciones con anticipación. Tomar vacaciones de vez en

cuando le dará energía y aumentará su motivación.

25. Sea consiente de cómo gasta su tiempo. Debe comprobar constantemente cuántos minutos u horas invierte en tareas específicas.

26. Coma alimentos saludables. Ingerir alimentos saludables ayuda a aumentar sus niveles de energía. Si consume comida chatarra todo el tiempo, se sentirá siempre con pereza y cansancio.

27. Beba más agua. Beber al menos ocho vasos de agua cada día aumenta su energía y también ayuda a pensar con más claridad.

28. Tome una siesta. Si desea aumentar su productividad, invierta tiempo en dominar el arte de tomar siestas reparadoras.

29. Tome más descansos. Los descansos le ayudan a recargar fuerzas.

30. Desacelerar. Hacer las cosas apresuradamente sólo se traducirá en más trabajo por delante, considere atenuar el ritmo de vez en cuando.

31. Enfocarse en una tarea a la vez.

Contrariamente a la creencia popular, la multitarea (o multitasking) puede llevarlo a ser más ineficiente.

32. Sincronice todos sus calendarios y asegúrese de que cuentan con el mismo contenido. Asimismo, llevar demasiados calendarios puede causar confusión, así que trate de usar uno solamente.

33. Invierta tiempo en actividades que eliminen el estrés como el yoga o la meditación. Estas actividades pueden ayudarle a eliminar la ansiedad y el estrés, y ayudar a mejorar su enfoque.

34. De el paso inicial y haga esas tareas desagradables.

35. Simplemente haga las tareas importantes, sin importar lo difícil o incomodo que puedan resultar.

36. Desconecte y apague su móvil o póngalo en modo silencioso si está haciendo una tarea importante o corriendo detrás de una fecha límite.

37. Valore su tiempo, de modo que otros también lo valoren.

38. Equilibre sus tareas mediante la inserción de otras más fáciles entre las que

son difíciles.

39. Trate de automatizar tareas repetitivas como el envío de correos electrónicos de marketing.

40. En lugar de escribir un correo electrónico, trate de llamar a la persona con la que necesita ponerse en contacto. Esto le ahorrará un montón de tiempo y esfuerzo.

41. Cuide su salud. No es posible manejar bien el tiempo si uno está enfermo todo el tiempo.

42. Tómese un tiempo para simplemente sentarse y soñar. Esta actividad es relajante. Esto también lo mantiene conectado con sus sueños y deseos más profundos.

43. Sus seres queridos deben ser su prioridad principal. Puede encontrar otro trabajo, pero no puede encontrar otra familia.

44. Concéntrese en lo que puede controlar. No se preocupes por las cosas que no está a su alcance controlar.

45. Mantenga sus niveles de energía altos ejercitando regularmente o bebiendo

una buena taza de café.

46. Todo lo que usted haga debe tener un propósito.

47. Haga todos sus mandados al mismo tiempo. Esto le ahorrará tiempo, energía y gasolina.

48. Use un cronómetro y tome sus registros. De esta forma, usted sabrá cuánto tiempo utiliza normalmente en una tarea.

49. No regale su tiempo fácilmente. Si una compañera de trabajo se acerca diciendo que tiene algún chisme que desea compartir, diga cortésmente que usted tiene un plazo con vencimiento en su trabajo y desafortunadamente no tiene tiempo para hablar.

50. Maximice su tiempo de viaje al trabajo o conduzca escuchando CDs y MP3 motivacionales y de autoayuda.

51. Tenga un reloj cerca. Esto le permitirá contabilizar fácilmente el tiempo.

52. Controle sus llamadas entrantes y atienda sólo las importantes.

53. Evite el uso de mensajes de texto, ya

que esto puede requerir mucho tiempo. Intente las llamadas en su lugar.

54. Informe a sus colegas y clientes sobre su método preferido de comunicación.

55. Evite responder las llamadas no esperadas, especialmente si está en medio de una tarea importante. Pero, si usted está libre, recibir una llamada de un viejo amigo o ex colega no le causará ningún mal.

56. Dar a la gente instrucciones detalladas. De esta manera, no tienen que ponerse en contacto o volver a llamarlas.

57. Use números de marcación rápida.

58. Utilice plantillas de correo electrónico.

59. Fomente el trabajo en equipo. Usted no tiene que hacerlo todo.

60. Evite trabajar en una tarea o en un mismo proyecto durante más de 3 horas.

61. Prepárese para las reuniones.

62. Administre sus reuniones. Establezca una agenda y permanezca en ella.

63. Reevalúe los procesos y procure hacer las cosas de manera sencilla y

eficiente.

64. Tenga una caja de ideas y coloque todas sus ideas allí.

65. No beba demasiado alcohol, ya que esto puede afectar su productividad.

66. Solicite la cuenta por adelantado mientras está cenando en un restaurante. Esto le ahorrará un par de minutos.

67. Prepare su ropa y sus efectos personales la noche anterior.

68. Aplique la regla de Pareto. Concentre su tiempo y esfuerzo en el 20% de los clientes que le proporcionan el 80% de sus ingresos.

69. Cree planes de acción para sus metas.

70. No borre correos electrónicos importantes. Simplemente muévalos a otra carpeta. Es posible que necesite estos correos electrónicos en el futuro.

71. Dirija y controle las conversaciones con sus clientes.

72. Use atajos de teclado.

73. Use atajos de Excel.

74. Intente no iniciar sesión en servicios de mensajería instantánea como Skype

durante las horas de trabajo, a menos que sea necesario.

75. Trabaje en una habitación libre de distracciones.

76. Coloque el teléfono móvil en modo altavoz para poder hacer otra cosa mientras habla con un cliente.

77. Guarde archivos de respaldo constantemente.

78. Consiga un monitor o pantalla extra, si es necesario. Esto le ayudará a administrar el tiempo y sus tareas.

79. Envíe sus correos electrónicos antes de salir de la oficina.

80. No apresure su trabajo. Si es necesario busque renegociar sus plazos de entrega. Entonces, hagalo.

81. Seccione las tareas complicadas en partes más simples.

82. No sobrecargue su agenda. Esto le consumirá sus energías.

83. Trate de agrupar tareas relacionadas.

84. Establezca fechas límite o plazos personales (que idealmente vencen antes que el plazo real).

85. Practique el pensamiento estratégico.
86. Trabaje con inteligencia, no con dureza.
87. Trate el trabajo como si fuera un hobby.
88. Vaya directo al grano.
89. Tenga confianza.
90. Pronuncie afirmaciones para intensificar la eficacia en el manejo de su tiempo. Estas afirmaciones ayudan a aumentar su productividad, eficacia, y el rendimiento en el trabajo.
91. Haga una revisión de su día a diario.
92. Sea disciplinado.
93. Practique el autocontrol y evite las distracciones a toda costa.
94. Recompénsese.
95. Cuando esté cansado o sin inspiración, hable con alguien a quien admire.
96. Deje a un lado todas las excusas y haga su trabajo.
97. No se sienta culpable por ignorar su móvil.
98. Manténgase positivo.

99. Deshágase de las aplicaciones de gestión que no funcionan bien para usted.
100. No puede hacerlo todo. Simplemente acéptelo e intente de vivir con ello. Siempre hay otro día.

Sea paciente y no se esfuerces en demasía. Si ha hecho un buen trabajo, tómese el tiempo para darse una recompensa y dese una palmadita en la espalda.

Conclusión

¡Gracias de nuevo por descargar este libro! Espero que este libro haya sido capaz de ayudarle a mejorar su eficiencia, productividad, y satisfacción en la vida, todo a través de la buena administración del tiempo.

La administración del tiempo no es algo que se deba hacer una sola vez. Para lograr un gran éxito, usted debe practicar los consejos contenidos en este libro de manera constante y regular.

Finalmente, si ha disfrutado este libro, entonces me gustaría pedirle un favor, ¿sería tan amable de dejar una reseña sobre el libro? ¡Se lo agradeceríamos mucho!

www.ingramcontent.com/pod-product-compliance
Lightning Source LLC
Chambersburg PA
CBHW071907070526
44583CB00016B/1887